Impressum
Verlag: BABADADA GmbH, Nedderfeld 112 , 22529 Hamburg
Geschäftsführer / Verlagsleitung: Harald Hof
Druck: Books on Demand GmbH, In de Tarpen 42, 22848 Norderstedt

Imprint
Publisher: BABADADA GmbH, Nedderfeld 112 , 22529 Hamburg, Germany
Managing Director / Publishing direction: Harald Hof
Print: Books on Demand GmbH, In de Tarpen 42, 22848 Norderstedt, Germany

AF220906

სკოლა

المدرسة

საკლასო ოთახი
القسم
გაყოფა
يقسم
186/2
დაფა
اللوح
მასწავლებელი
المعلّم
სკოლის ეზო
ქაღალდი
ورقة
წერა
يكتب
კალამი
القلم
მაგიდა
طاولة المكتب
სახაზავი
المسطرة
წიგნი
الكتاب
მოსწავლე
التلميذ

ზურგჩანთა

الحقيبة المدرسية

პენალი

المقلمة

ფანქარი

قلم الرصاص

ფანქრების სათლელი

البرّاية

საშლელი

المِمحاة

ნახატების ალბომი

دفتر الرسم

2

ნახატი

الرسمة

ფუნჯი

الفرشاة

საღებავის ყუთი

علبة التلوين

მაკრატელი

المقص

წებო

المادة اللاصقة

სავარჯიშო რვეული

دفتر التمارين

საშინაო დავალება

الواجب المدرسي

12

ნომერი

الرقم

2+2

დამატება

يجمع

5-2

გამოკლება

يطرح

2×2

გამრავლება

يضرب

გამოთვლა

يحسب

A

წერილი

الحرف

ABCDEFG HIJKLMN OPQRSTU VWXYZ

ანბანი

الأبجدية

hello

სიტყვა

كلمة

ტექსტი

النص

წაკითხვა

يقرأ

ცარცი

الطبشور

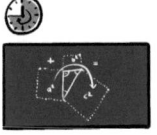

გაკვეთილი

الحصة

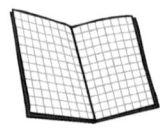

რეგისტრაცია

دفتر الدوام المدرسي

გამოცდა

الامتحان

სერტიფიკატი

شهادة

სკოლის ფორმა

اللباس المدرسي

განათლება

التعليم

ენციკლოპედია

الموسوعة

უნივერსიტეტი

الجامعة

მიკროსკოპი

المِجهر

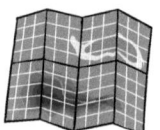

რუქა

الخريطة

კალათა ნარჩენი ქაღალდებისათვის

قماما

მოგზაურობა

سفر

სასტუმრო
فندق
Grand
ჰოსტელი
بيت الشباب
ROOMS
ვალუტის გადაცვლის პუნქტი
مكتب صرافة
EXCHANGE
ჩემოდანი
حقيبة
მანქანა
سيارة

ენა

اللغة

კი / არა

نعم / لا

კარგი

حسناً

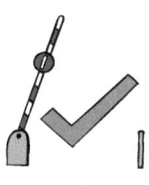

გამარჯობა

مرحباً

მთარგმნელი

مترجم

გმადლობთ

شكراً

რა ღირს... ?

كم ثمن ... ؟

ვერ გავიგე

لا أفهم

პრობლემა

مشكلة

აღამო მშვიდობისა!

مساء الخير

დილა მშვიდობისა!

صباح الخير!

ღამე მშვიდობისა!

ليلة سعيدة

ნახვამდის

إلى اللقاء

მიმართულება

اتجاه

ბარგი

أمتعة السفر

ჩანთა

حقيبة

ზურგჩანთა

حقيبة ظهر

სტუმარი

ضيف

ოთახი

غرفة

საძილე ტომარა

كيس للنوم

კარავი

خيمة

ტურისტული ინფორმაცია

استعلامات سياحية

სანაპირო

شاطئ

საკრედიტო ბარათი

بطاقة ائتمان

საუზმე

إفطار

ლანჩი

طعام الغداء

ვახშამი

العشاء

ბილეთი

بطاقة سفر

ლიფტი

مصعد

საფოსტო მარკა

طابع بريدي

საზღვარი

حدود

საბაჟო

الجمارك

საელჩო

سفارة

ვიზა

تأشيرة

პასპორტი

جواز سفر

ტრანსპორტი
نقل

თვითმფრინავი
طائرة
გემი
سفينة
სახანძრო მანქანა
سيارة إطفاء
ავტობუსი
حافلة
სატვირთო მანქანა
سيارة شاحنة
მოტორიზებული ნავი
زورق آلي
ველოსიპედი
درّاجة
მანქანა
سيارة

ბორანი
....
عبارة

ნავი
....
قارب

მოტოციკლი
....
دراجة نارية

პოლიციის მანქანა
....
سيارة شرطة

სარბოლო მანქანა
....
سيارة سباق

დაქირავებული მანქანა
....
سيارة مستأجرة

მანქანის ერთობლივი მოხმარება

أسلوب تشاركي في استئجار السيارا

საბუქსირე მანქანა

سيارة للجر

ნაგვის მანქანა

سيارة نقل القمامة

ძრავა

محرك

საწვავი

وقود

ბენზინგასამართი სადგური

محطة وقود

საგზაო ნიშანი

إشارة مرور

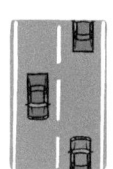

მოძრაობა

حركة السير

საცობი

ازدحام سير

მანქანის სადგომი

موقف سيارات

მატარებლის სადგური

محطة قطار

ლიანდაგები

سكك حديدية

მატარებელი

قطار

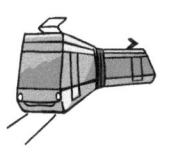

ტრამვაი

ترام

ვაგონი

عربة قطار

ვერტმფრენი

طائرة مروحية

აეროპორტი

مطار

კოშკი

برج

მგზავრი

مسافر

კონტეინერი

حاوية

მუყაოს ყუთი

علبة كرتون

ურიკა

عربة يد

კალათა

سلة

აფრენა / დაშვება

يقلع / يهبط

ქალაქი

مدينة

სოფელი

قرية

ქალაქის ცენტრი

مركز المدينة

სახლი

بيت

კინოთეატრი
سينما
რეკლამა
دعاية
ქუჩის ლამპიონი
مصباح الشارع
ქუჩა
شارع
ტაქსი
تاكسي
სავაჭრო ჯიხური
كشك
ქვეითი
مشاة
ტროტუარი
رصيف
ჯვარედინი
تقاطع
ქვეითების გადასასვლელი
معبر المشاة
ნაგვის ურნა
حاوية قمامة
შუქნიშანი
إشارة ضوئية

ქოხი

كوخ

ბინა

شقة

მატარებლის სადგური

محطة قطار

მუნიციპალიტეტი

دار البلدية

მუზეუმი

متحف

სკოლა

المدرسة

უნივერსიტეტი

الجامعة

ბანკი

مصرف

საავადმყოფო

المستشفى

სასტუმრო

فندق

აფთიაქი

صيدلية

ოფისი

مكتب

წიგნების მაღაზია

مكتبة

მაღაზია

متجر

ფლორისტი

محل لبيع الزهور

სუპერმარკეტი

سوبرماركت

ბაზარი

سوق

მაღაზიის განყოფილება

متجر كبير

თევზის გამყიდველი

تاجر السمك

სავაჭრო ცენტრი

مركز تسوّق

ნავსადგომი

ميناء

ქალაქი - مدينة

პარკი

حديقة عامة

გრძელი სკამი

مقعد

ხიდი

جسر

კიბეები

درج، سلم

მიწისქვეშა გადასასვლელი

مترو

გვირაბი

نفق

ავტობუსის გაჩერება

موقف حافلات

ბარი

بار

რესტორანი

مطعم

საფოსტო ყუთი

صندوق البريد

ქუჩის ნიშანი

لافتة باسم الشارع

პარკინგის საზომი

مقياس زمن الوقوف

ზოოპარკი

حديقة حيوانات

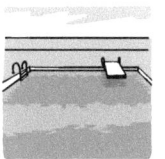

საცურაო აუზი

مسبح

მეჩეთი

مسجد

ფერმა

مزرعة

გარემოს დაბინძურება

تلوث البيئة

სასაფლაო

مقبرة

ეკლესია

كنيسة

საბავშვო მოედანი

ملعب الأطفال

ტაძარი

معبد

ლანდშაფტი
طبيعة ريفية

ფოთოლი
ورقة

გზის მანიშნებელი ნიშანი
علامة إرشاد

გზა
طريق

მდელო
مرج

ქვა
حجر

ხე
شجرة

მოგზაური
رحلة

მდინარე
نهر

ბალახი
عشب

ყვავილი
زهرة

ხეობა

وادٍ

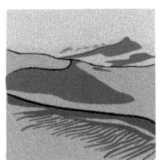

გორაკი

جبل

ტბა

بحيرة

ტყე

غابة

უდაბნო

صحراء

ვულკანი

بركان

ციხე

قلعة

ცისარტყელა

قوس قزح

სოკო

فِطر

პალმა

نخلة

კოღო

بعوض

ბუზი

ذبابة

ჭიანჭველა

نملة

ფუტკარი

نحلة

ობობა

عنكبوت

ხოჭო

خنفساء

ბაყაყი

ضفدعة

ციყვი

سنجاب

ზღარბი

قنفذ

კურდღელი

أرنب

ბუ

بومة

ფრინველი

عصفور

გედი

بجعة

ტახი

خنزير برّي

ირემი

غزال

ცხენ-ირემი

إلكة

კაშხალი

سد

ქარის ტურბინა

دولاب الطاحونة الهوائية

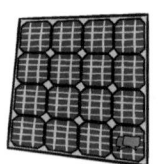

მზის ბატარეა

خلية شمسية

კლიმატი

مناخ

რესტორანი

مطعم

მიმტანი
نادل
მენიუ
لائحة الطعام
სკამი
كرسي
სუპი
حساء
პიცა
بيتزا
დანა-ჩანგალი
أدوات المائدة
მაგიდაზე გადასაფარებელი
غطاء المائدة

საუზმე

مقبلات

მთავარი კერძი

الصحن الرئيسي

დესერტი

حلوى أو فاكهة بعد الطعام

დასალევი

مشروبات

საჭმელი

طعام

ბოთლი

زجاجة

სწრაფი კვება

وجبات سريعة

ქუჩის საჭმელი

طعام الشارع

ჩაიდანი

إبريق الشاي

საშაქრე

علبة السكر

პორცია

حصّة

ესპრესოს მანქანა

آلة الإسبريسو

მაღალი სკამი

كرسي عالٍ

ანგარიში

فاتورة

ლანგარი

صينية

დანა

سكين

ჩანგალი

شوكة

კოვზი

ملعقة

ჩაის კოვზი

ملعقة الشاي

ხელსახოცი

منديل المائدة

ჭიქა

كأس

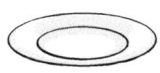

თეფში
....
صحن

სუპის თეფში
....
صحن الحساء

ჩაის ლამბაქი
....
صحن الفنجان

საწებელი
....
صلصة

სამარილე
....
مملحة

წიწაკის საფქვავი
....
مطحنة الفلفل

ძმარი
....
خلّ

ზეთი
....
زيت الطعام

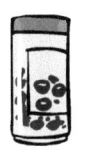

სანელებლები
....
توابل

კეტჩუპი
....
كتشاب

მდოგვი
....
خردل

მაიონეზი
....
مايونيز

სუპერმარკეტი

سوبرماركت

სპეციალური შეთავაზება
عرض خاص
FOR
მომხმარებელი
زبون
რძის ნაწარმი
مشتقات الحليب
ურიკა
عربة تسوّق
ხილი
فواكه

საყასბო

جزّار

საცხობი

مخبز

აწონვა

يزن

ბოსტნეული

خضار

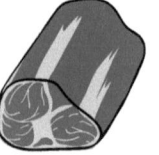

ხორცი

لحم

გაყინული საკვები

المأكولات المجمّدة

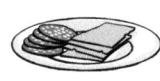

გრილი ხორცი

مرتدلا أو جبن

კონსერვები

معلبات

სარეცხი ფხვნილი

مسحوق الغسيل

ტკბილეული

حلويات

საყოფაცხოვრებო პროდუქტები

المواد المنزلية

სარეცხი საშუალებები

منظفات

გამყიდველი

بائعة

სალარო

صندوق الحساب

მოლარე

أمين صندوق

საყიდლების სია

قائمة المشتريات

მუშაობის საათები

أوقات العمل

პორტმანი

محفظة النقود

საკრედიტო ბარათი

بطاقة ائتمان

ჩანთა

حقيبة

პლასტიკური პარკი

كيس بلاستيكي

დასალევი
مشروبات

წყალი

ماء

წვენი

عصير

რძე

حليب

კოკა-კოლა

كولا

ღვინო

نبيذ

ლუდი

بيرة

ალკოჰოლი

كحول

კაკაო

كاكاو

ჩაი

شاي

ყავა

قهوة

ესპრესო

قهوة إسبريسو

კაპუჩინო

كابوتشينو

საჭმელი
طعام

ბანანი

موزة

ვაშლი

تفاح

ფორთოხალი

برتقال

საზამთრო

بطيخ

ლიმონი

ليمون

სტაფილო

جزرة

ნიორი

ثوم

ბამბუკი

خيزران

ხახვი

بصل

სოკო

فِطر

კაკალი

لوزيات

ატრია

شعيرية

სპაგეტი

سباغيتي

ბრინჯი

أرزّ

სალათი

سلطة

ჩიპსები

بطاطا مقلية

შემწვარი კარტოფილი

بطاطا مقلية

პიცა

بيتزا

ჰამბურგერი

هامبورغر

სენდვიჩი

ساندويش

კოტლეტი

شريحة لحم مقلية

ლორი

لحم خنزير

სალიამი

سلامي

ძეხვი

سجق

წიწილა

دجاج

შემწვარი ხორცი

لحم محمر

თევზი

سمك

შვრიის ფაფა

دقيق الشوفان

მუსლი

موسلي

სიმინდის ფანტელები

كورن فلكس

ფქვილი

طحين

კრუასანი

كرواسان

ბულკი

خبز صغير

პური

خبز

ტოსტი

خبز محمص

ნამცხვრები

بسكويت

კარაქი

زبدة

ხაჭო

لبن زبادي

ტორტი

كعكة

კვერცხი

بيضة

ერბო-კვერცხი

بيض مقلي

ყველი

جبنة

ნაყინი

....

مثلجات

შაქარი

....

سكر

თაფლი

....

عسل

ჯემი

....

مربّى الفاكهة

შოკოლადის კრემი

....

كريم النوغا

კარი

....

الكاري

ფერმა
مزرعة

სოფლის სახლი
بيت الفلاح
თავლა
مخزن غلال
ჩალის შეკვრა
رزمة من التبن
ყანა
حقل
ცხენი
حصان
მისაბმელი
مقطورة
ტრაქტორი
جرار
კვიცი
مهر
ვირი
حمار
ცხვარი
خروف
ცხვარი
خروف

თხა

ماعز

ძროხა

بقرة

ხბო

عجل

ღორი

خنزير

გოჭი

خنزير صغير

ხარი

ثور

ბატი

إوزّة

იხვი

بطة

წიწილა

صوص

ქათამი

دجاجة

მამალი

ديك

ვირთხა

جرذ

კატა

قطّة

თაგვი

فأر

ხარი

ثور

ძაღლი

كلب

საძაღლე

كوخ الكلب

ბაღის შლანგი

خرطوم الحديقة

საბაღე წურწურა

إبريق

ცელი

منجل

გუთანი

المحراث

ნამგალი

منجل

თოხი

معزقة

პატივის სახვეტი ჩანგალი

مذراة الزبل

ცული

بلطة

მაზიდი

عربة يد

გობი

معلف

რძის ბიდონი

صفيحة الحليب

ტომარა

كيس

ღობე

سياج

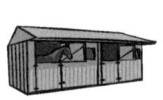

ბოსელი

اصطبل

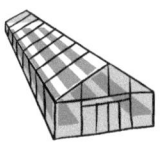

სათბური

دفيئة

ნიადაგი

تربة

თესლი

بذور

სასუქი

سماد

მოსავლის ამღები კომბაინი

حصّادة درّاسة

მოსავლის აღება

يحصد

მოსავალი

محصول

იამი

بطاطا يامس

ხორბალი

قمح

სოიო

صويا

კარტოფილი

بطاطا

სიმინდი

ذرة

სარეველას თესლი

سلجم

ხეხილი

شجرة فاكهة

მანიოკი

نبات منيهوت

მარცვლეული

الحبوب

ფერმა - مزرعة

სახლი

بيت

ბუხარი
مدخنة
სახურავი
سقف
წყალსადინარი მილი
مزراب
ფანჯარა
نافذة
კარის ზარი
جرس الباب
ავტოფარეხი
مرآب
კარი
باب
ნაგვის ყუთი
قمامة
საფოსტო ყუთი
صندوق البريد
ბაღი
حديقة

მისაღები ოთახი

غرفة جلوس

აბაზანა

الحمّام

სამზარეულო

مطبخ

საძინებელი

غرفة النوم

საბავშვო ოთახი

غرفة الأطفال

სასადილო ოთახი

غرفة الطعام

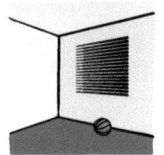

სართული

أرضية

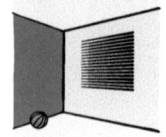

კედელი

حائط

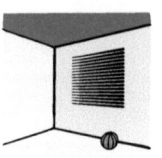

ჭერი

سقف

სარდაფი

قبو

საუნა

ساونا

აივანი

بلكون

ტერასა

شرفة

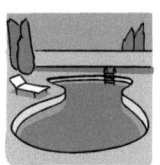

აუზი

مسبح

გაზონის საკრეჭი

جزّازة العشب

საბნის კონვერტი

بياضات السرير

საწოლი

بطانية

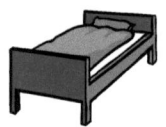

ლოგინი

سرير

ცოცხი

مكنسة

სათლი

سطل

გადამრთველი

مفتاح كهربائي

მისაღები ოთახი
غرفة جلوس

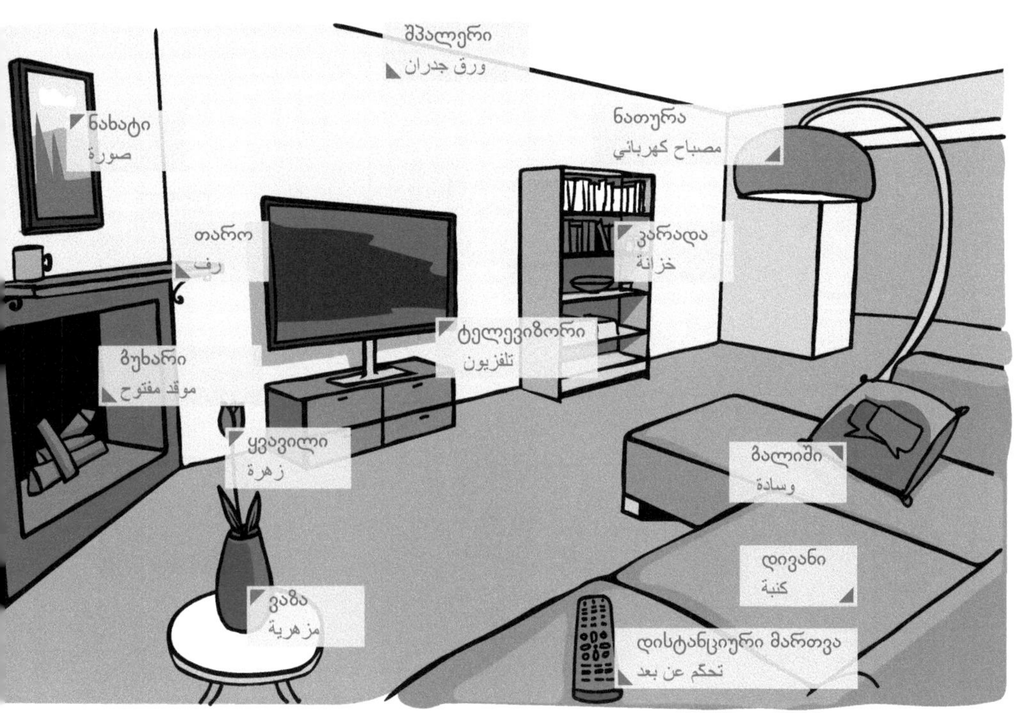

შპალერი
ورق جدران
ნახატი
صورة
ნათურა
مصباح كهربائي
თარო
رف
კარადა
خزانة
ტელევიზორი
تلفزيون
ბუხარი
موقد مفتوح
ყვავილი
زهرة
ბალიში
وسادة
დივანი
كنبة
ვაზა
مزهرية
დისტანციური მართვა
تحكم عن بعد

ხალიჩა

بصاط

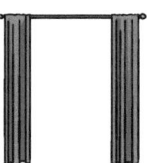

ფარდა

ستارة

მაგიდა

طاولة

სკამი

كرسي

სარწეველა სკამი

كرسي هزّاز

სავარძელი

كرسي ذو ذراعين

წიგნი

الكتاب

საბანი

بطانية

დეკორაცია

زخرفة

შეშა

الحطب

ფილმი

فيلم

hi-fi მოწყობილობები

تجهيزات ستيريو

გასაღები

مفتاح

გაზეთი

جريدة

ფერწერა

لوحة مرسومة

პლაკატი

مُلصق

რადიო

راديو

ბლოკნოტი

دفتر ملاحظات

მტვერსასრუტი

المكنسة الكهربائية

კაქტუსი

صبّار

სანთელი

شمعة

სამზარეულო
مطبخ

მაცივარი
برّاد
მიკრო-ტალღური ღუმელი
ميكروويف
სამზარეულოს სასწორი
ميزان المطبخ
ტოსტერი
محمصة الخبز
სარეცხი საშუალება
منظفات
ღუმელი
فرن
საყინულე
ثلاجة
ნაგვის ყუთი
قمامة
ჭურჭლის სარეცხი მანქანა
جَلاّية

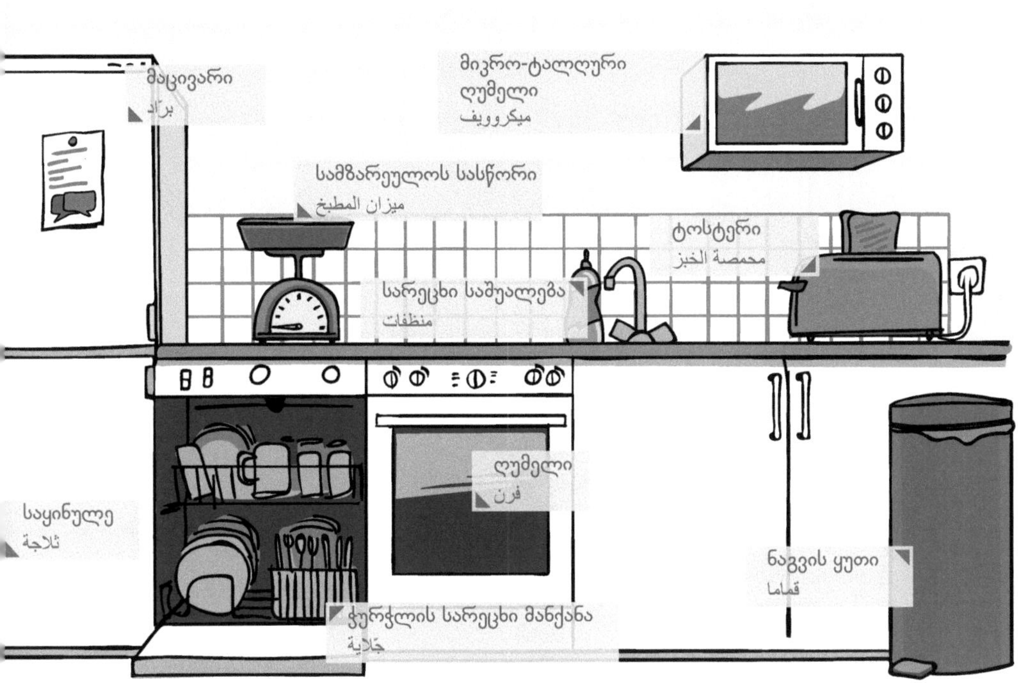

გაზქურა

موقد

ქოთანი

قِدر

თუჯის ქვაბი

وعاء من الحديد

ტაფა ამობერილი ფსკერით

قدر صيني

ტაფა

مقلاة

ჩაიდანი

غلاية

სამზარეულო - مطبخ 35

ორთქლსახარში

قدر البخار

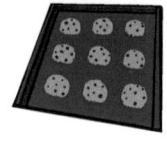

საცხობი ლანგარი

صينية

ჭურჭელი

أواني

კათხა

فنجان

თასი

صحن

ჩინური ჩხირები

عيدان الأكل

ჩამჩა

مغرفة

ფითხი

ملعقة منبسطة

სათქვეფელა

خفاقة

საწური

مصفاة

საცერი

مصفاة

სახეხი

مبشرة

სანაყი

هاون

გრილი

شواء

კოცონი

موقد

დაფა

لوح التقطيع

საგორავი

نشّابة

ბურღი

مفتاح الزجاجات

ქილა

علبة

ქილის გასახსნელი

مفتاح العلب المعدنية

ქოთნის დამჭერი

قماش الفرن

ნიჟარა

مجلى

ფუნჯი

فرشاة

ღრუბელი

إسفنج

ბლენდერი

خلاط

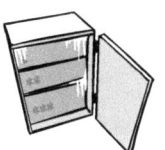

საყინულე კამერა

مجمّدة

საბავშვო ბოთლი

زجاجة الطفل

ონკანი

صنبور الماء

აბაზანა

الحمّام

გათბობა
تدفئة
პირსახოცი
منشفة
შხაპი
دوش
საშხაპე ფარდა
ستارة الدوش
ღრუბლიანი აბანო
حمام رغوة
ვანა
სარეცხი მანქანა
غسالة
ფილები
بلاط
ონკანი
صنبور الماء
ჭიქა
كأس
ღამის ქოთანი
قفازات مطاطية
ნიჟარა
مجلى

ტუალეტი

حمام

იატაკის ტუალეტი

مرحاض القرفصاء

ბიდე

حوض التشطيف

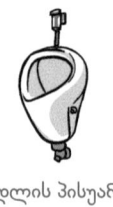

კედლის პისუარი

مبولة

ტუალეტის ქაღალდი

ورق المرحاض

ტუალეტის ჯაგრისი

فرشاة الحمام

კბილის ჯაგრისი

فرشاة الأسنان

კბილის პასტა

معجون الأسنان

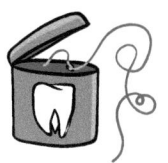

კბილის ძაფი

خيط حرير لتنظيف الأسنان

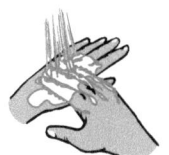

რეცხვა

يغسل

ხელის შხაპი

رشاش ماء يدوي

ინტიმური შხაპი

شطاف

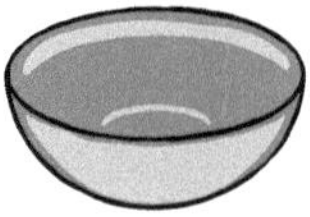

ტაშტი

حوض الغسيل

ზურგის სახეხი ფუნჯი

فرشاة الظهر

საპონი

صابون

შხაპის გელი

جيل الدوش

შამპუნი

شامبو

ნეჭა

ممسحة

სანიაღვრე

مصرف للماء

კრემი

مرهم

დეოდორანტი

مزيل الروائح

სარკე

مرآة

ხელის სარკე

مرآة يد

გრიტვა

موس حلاقة

საპარსი ქაფი

رغوة الحلاقة

საშუალება გაპარსვის შემდეგ

كولونيا

სავარცხელი

مشط

ჯაგრისი

فرشاة

თმის საშრობი

سشوار

თმის ლაქი

مثبت للشعر

კოსმეტიკა

ماكياج

ტუჩების პომადა

روج

ფრჩხილის ლაქი

طلاء أظافر

ბამბა

قطن

ფრჩხილის მაკრატელი

مقص أظافر

სუნამო

عطر

40 აბაზანა - الحمّام

კოსმეტიკის ჩანთა

سلة الغسيل

ტაბურეტი

مقعد صغير

სასწორი

ميزان

საბაზანო ხალათი

معطف الحمام

რეზინის ხელთათმანები

قفازات مطاطية

ტამპონი

سدادة قطنية

სანიტარული პირსახოცი

منشفة صحية

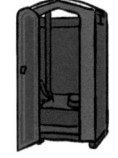

ბიო-ტუალეტი

تواليت كيميائية

საბავშვო ოთახი

غرفة الأطفال

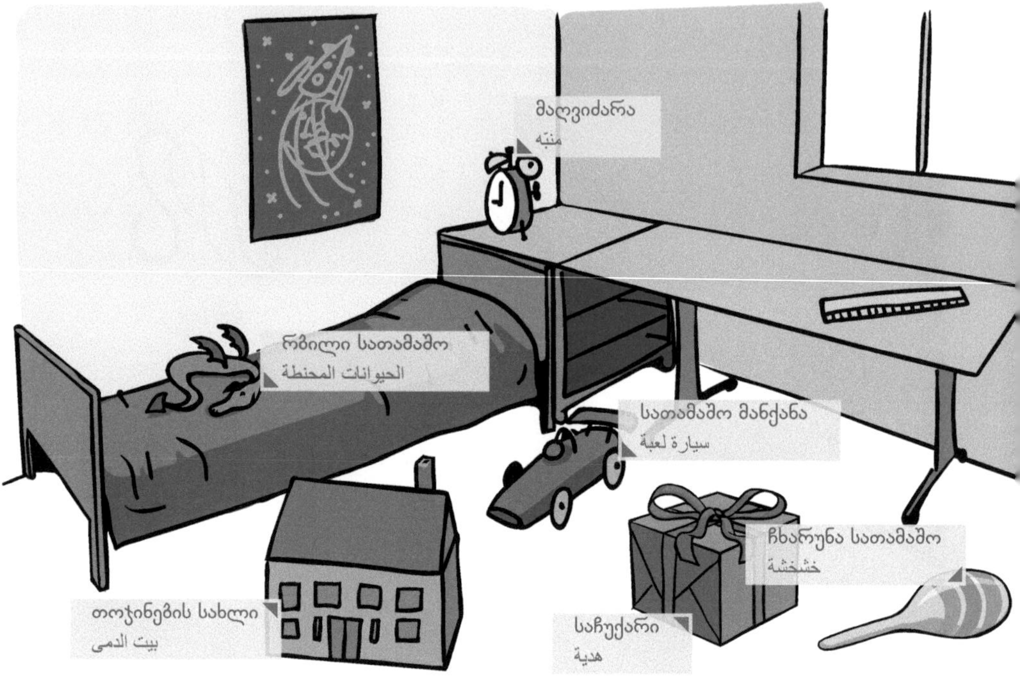

მაღვიძარა
منبه
რბილი სათამაშო
الحيوانات المحنطة
სათამაშო მანქანა
سيارة لعبة
ჩხარუნა სათამაშო
خشخشة
თოჯინების სახლი
بيت الدمى
საჩუქარი
هدية

ბუშტი

بالون

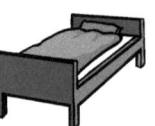

ლოგინი

سرير

საბავშვო ეტლი

عربة الأطفال

კარტის თამაში

لعبة الورق

პაზლი

أحجية

კომიკსი

رسوم هزلية

ლეგოს აგურები

أحجار الليغو

ასაშენებელი კუბიკები

حجارة تركيب

სათამაშო ფიგურა

دمية بطل

საცოცავი

لباس الطفل

ფრისბი

فريسبي

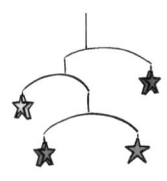

მობილე

دمية معلّقة

სამაგიდო თამაში

لعبة الطاولة

კამათელი

لعبة النرد

რკინიგზის მოდელი

لعبة قطار

საწოვარა

مصّاصة

წვეულება

حفلة

წიგნი ნახატებით

كتاب مصوّر

ბურთი

كرة

თოჯინა

دمية

თამაში

يلعب

საქვიშარი

ملعب رملي للأطفال

საქანელა

أرجوحة

სათამაშოები

لعبة

ვიდეო თამაშის კონსოლი

ألعاب فيديو

სამთვლიანი ველოსიპედი

دراجة ثلاثية

დათუნია

دمية على شكل الدب

გარდერობი

خزانة الثياب

ტანსაცმელი

ثياب

წინდები

جوارب قصيرة

ჩულქები

جوارب طويلة

კოლგოტები

جورب بنطلون

شال
ქოლგა
شمسية
მკლავებიანი მაისური
تي شيرت
ქამარი
حزام
ფეხსაცმელი
حذاء شتوي
ჩუსტები
شبشب
ბოტასები
أحذية رياضية

სანდლები

صندل

ფეხსაცმელი

حذاء

რეზინის ჩექმები

جزمة كاوتشوك

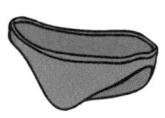

ტრუსები

سروال داخلي

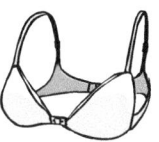

ბიუსჰალტერი

صدّارة

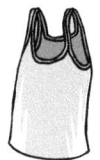

მაისური

قميص داخلي

სხეული

لباس ملاصق للجسم

შარვალი

بنطلون

ჯინსი

جينز

ქვედაკაბა

تنورة

ბლუზი

بلوزة

პერანგი

قميص

სვიტრი

سترة قطنية

კაპიუშონიანი ჟაკეტი

كنزة كم طويل

სპორტული ქურთუკი

سترة فضفاضة

ჟაკეტი

سترة

პალტო

معطف

საწვიმარი

معطف مطري

კოსტუმი

زي - طقم نسائي

კაბა

ثوب

საქორწილო კაბა

ثوب الزفاف

კაცის კოსტიუმი

....

طقم

ღამის პერანგი

....

قميص نوم

პიჟამოები

....

بيجاما

სარი

....

ساري

თავშალი

....

حجاب

ტურბანი

....

عمامة

ჩადრი

....

برقع

ხიფთანი

....

قفطان

აბაია

....

عباءة

საცურაო კოსტუმი

....

مايوه

ჩემოდნები

....

سروال سباحة

შორტები

....

شرت

სპორტული კოსტიუმი

....

بدلة رياضية

წინსაფარი

....

مئزر

ხელთათმანები

....

قفازات

ღილი

زر

სათვალეები

نظارة

სამაჯური

إسوارة

ყელსაბამი

عقد

ბეჭედი

خاتم

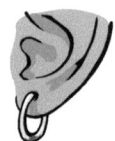

საყურე

قرط

კეპი

طاقيّة

საკიდი

علاقة ثياب

ქუდი

قبعة

ჰალსტუხი

ربطة العنق

ელვა-შესაკრავის შეკვრა

سحّاب

ჩაფხუტი

خوذة

აჭიმი

حمّالة البنطلون

სკოლის ფორმა

اللباس المدرسي

ფორმა

زي موحّد

გავშვის წინსაფარი

مريلة الأطفال

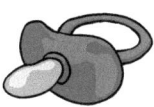

საწოვარა

مصّاصة

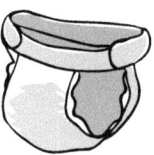

პამპერსი

لفافة

ოფისი

مكتب

სერვერი
المخدّم
საკანცელარიო კარადა
خزانة الملقات
პრინტერი
طابعة
ქაღალდი
ورقة
მონიტორი
شاشة
თაგვი
فارة
მაგიდა
طاولة المكتب
საქაღალდე
ملف
კლავიატურა
لوحة المفاتيح
كرسي
ათა ნარჩენი ქაღალდებისათვის
კომპიუტერი
حاسوب

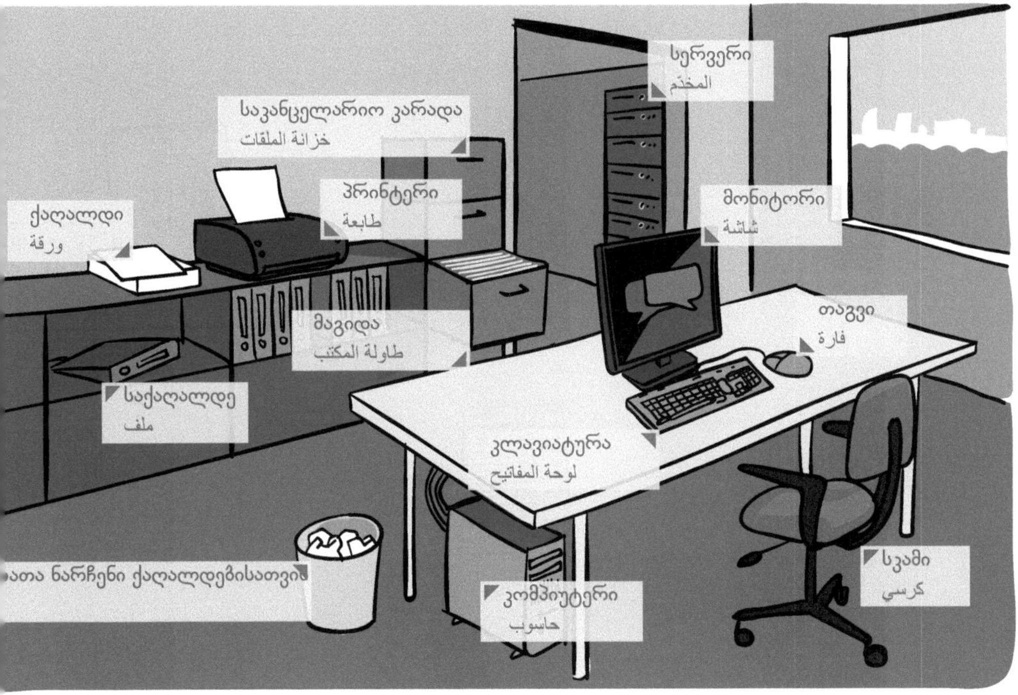

ყავის ფინჯანი

كأس من القهوة

კალკულატორი

الآلة الحاسبة

ინტერნეტი

الإنترنت

ლეპტოპი

الحاسوب المحمول

წერილი

رسالة

მესიჯი

خبر

მობილური ტელეფონი

الهاتف المحمول

ქსელი

شبكة

სკანერი

جهاز تصوير

პროგრამული უზრუნველყოფა

البرمجيات

ტელეფონი

هاتف

როზეტი

مقبس كهربائي

ფაქსის მანქანა

فاكس

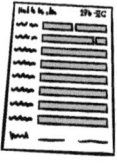

ფორმულარი

استمارة

დოკუმენტი

وثيقة

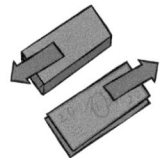

ყიდვა

يشتري

გადახდა

يدفع

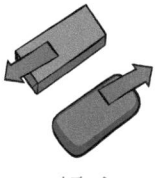

ვაჭრობა

يتاجر

ფული

مال

დოლარი

دولار

ევრო

يورو

იენი

ين

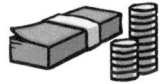

რუბლი

روبل

შვეიცარული ფრანკი

فرنك سويسري

ჟენმინბი იუანი

يوان

რუპი

روبية

ბანკომატი

صرّاف آلي

ვალუტის გადაცვლის
პუნქტი
مكتب صرافة

ოქრო
....
ذهب

ვერცხლი
....
فضة

ნავთობი
....
نفط

ენერგია
....
طاقة

ფასი
....
سعر

ხელშეკრულება
....
عقد

გადასახადი
....
ضريبة

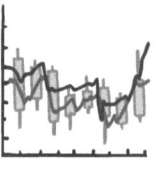

აქცია
....
سهم

მუშაობა
....
يعمل

თანამშრომელი
....
موظف

დამსაქმებელი
....
رب العمل

ქარხანა
....
مصنع

მაღაზია
....
متجر

პროფესიები

المِهَن

მეხანძრე
رجل إطفاء
პოლიციის ოფიცერი
الشرطي
მზარეული
طبَاخ
ექიმი
الطبيب
მფრინავი
طيَار

მებაღე

بستاني

დურგალი

نجَار

თეთრეულის მკერავი ქალბატონი

خياطة

მოსამართლე

قاض

ქიმიკოსი

كيميائي

მსახიობი

ممثل

ავტობუსის მძღოლი
....
سائق حافلة

ტაქსის მძღოლი
....
سائق تاكسي

მეთევზე
....
صياد سمك

დამლაგებელი ქალბატონი
....
أجيرة للتنظيف

სახურავის ოსტატი
....
بنّاء سقف

მიმტანი
....
نادل

მონადირე
....
صيّاد

ფერმწერი
....
رسّام

მცხობელი
....
خباز

ელექტრიკოსი
....
كهربائي

მშენებელი
....
عامل بناء

ინჟინერი
....
مهندس

ყასაბი
....
لحّام

სანტექნიკოსი
....
سمكري

ფოსტალიონი
....
ساعي البريد

ჯარისკაცი

جندي

არქიტექტორი

مهندس معماري

მოლარე

أمين صندوق

ფლორისტი

بائع الزهور

პარიკმახერი

حلاق

კონდუქტორი

مراقب القطار

მექანიკოსი

ميكانيكي

კაპიტანი

قبطان

სტომატოლოგი

طبيب أسنان

მეცნიერი

رجل العلم

რაბინი

حاخام

იმამი

إمام

ბერი

راهب

სასულიერო პირი

كاهن

იარაღები
عدة عمل

ჩაქუჩი
مطرقة
გრტყელტუჩა
كمّاشة
სახრახნისი
مفك البراغي
ჯიბის სანათი
مصباح يد
ქანჩის გასაღები
مفتاح ربط

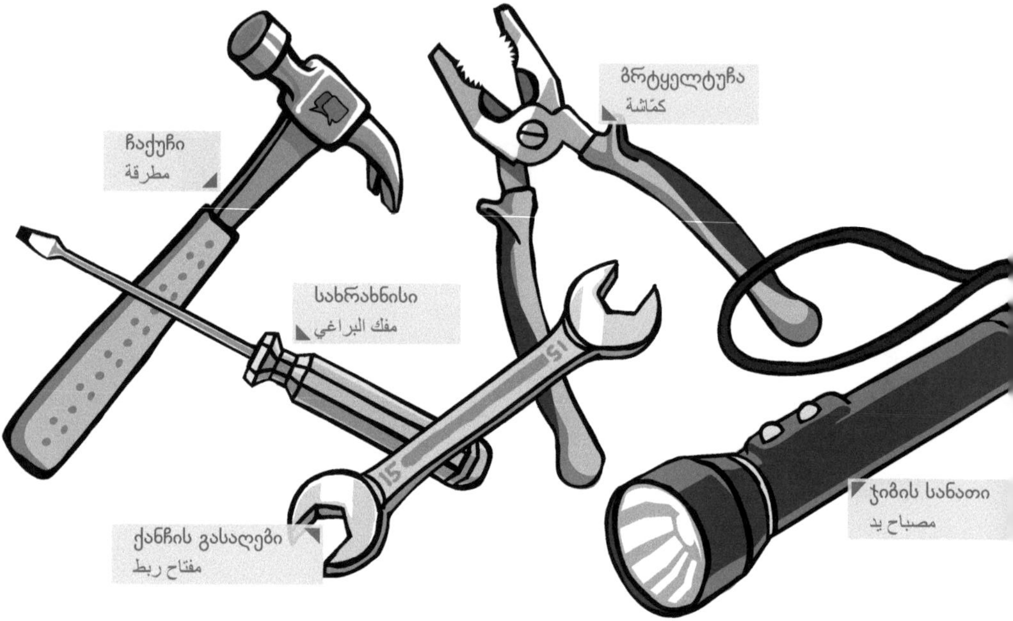

ექსკავატორი
....
جرافة

იარაღების ყუთი
....
صندوق العدة

კიბე
....
سلم

ხერხი
....
منشار

ლურსმები
....
مسامير

საბურღი
....
مثقب

შეკეთება

يصلح

ნიჩაბი

مجرفة

ანდამა!

اللعنة

აქანდაზი

لقاطة الكناسة

საღებავის ქოთანი

سطل الألوان

ხრახნები

براغي

მუსიკალური ინსტრუმენტები

آلات موسيقية

რეპროდუქტორ
ი
مكبر الصوت
დასარტყამი ინსტრუმენტების კრებული
آلات الإيقاع
გიტარა
غيتار
კონტრაბასი
كمان أجهر
საყვირი
بوق

ფორტეპიანო
....
بيانو

ვიოლინო
....
كمنجة

ბასი
....
جهير

ტიმპანონი
....
طبل كبير

დასარტყამები
....
طبل

კლავიშები
....
بيانو كهربائي

საქსოფონი
....
ساكسوفون

ფლეიტა
....
ناي

მიკროფონი
....
ميكروفون

ზოოპარკი

حديقة حيوانات

ვეფხვი
نمر
გალია
قفص
ზებრა
حمار الوحش
ცხოველთა საკვები
علف للحيوانات
შესასვლელი
مدخل
პანდა
دب باندا

ცხოველები

حيوانات

სპილო

فيل

კენგურუ

كنغر

მარტორქა

وحيد القرن

გორილა

غوريلا

დათვი

دب

აქლემი

جمل

სირაქლემა

نعامة

ლომი

أسد

მაიმუნი

قرد

ფლამინგო

طائر فلامينغو

თუთიყუში

ببغاء

პოლარული დათვი

دب قطبي

პინგვინი

بطريق

ზვიგენი

سمك القرش

ფარშევანგი

طاووس

გველი

أفعى

ნიანგი

تمساح

ზოოპარკის მფლობელი

حارس في حديقة الحيوان

სელაპი

عجل البحر

იაგუარი

نمر أمريكي مرقط

პონი

فرس قزم

ლეოპარდი

نمر

ბეჰემოტი

فرس النهر

ჟირაფი

زرافة

არწივი

نسر

ტახი

خنزير برّي

თევზი

سمك

კუ

سلحفاة

მორჟი

حيوان فظ البحري

მელა

ثعلب

გაზელი

غزال

ამერიკული ფეხბურთი
كرة القدم الأمريكية

ველოსპორტი
ركوب الدراجات

ჩოგბურთი
كرة التنس

კალათბურთი
كرة السلة

ცურვა
السباحة

კრივი
الملاكمة

ყინულის ჰოკეი
هوكي الجليد

ფეხბურთი

كرة القدم

გადმინტონი

الريشة الطائرة

მძლეოსნობა

ألعاب القوى الخفيفة

ხელბურთი

كرة اليد

სათხილამურო სპორტი

التزلج على الثلج

წყლის პოლო

بولو

დაცინვა
يضحك
გადახტომა
يقفز
ჩახუტება
يعانق
სეირნობა
يمشي
სიმღერა
يغني
ოცნებობა
يحلم
ლოცვა
يصلي
კოცნა
يقبل

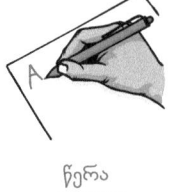

წერა

يكتب

დახატვა

يرسم

ჩვენება

يُري

დაჭერა

يدفع

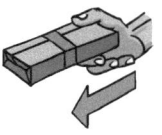

მიცემა

يعطي

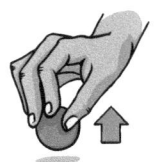

აღება

يأخذ

ქონა

يملك

კეთება

يعمل

ყოფნა

يوجد

დგომა

يقف

გარბენა

يركض

მოქაჩვა

يسحب

გადაყრა

يرمي

დაცემა

يقع

ტყუილის თქმა

يستلقي

მოცდენა

ينتظر

ტარება

يحمل

ჯდომა

يجلس

ჩაცმა

يلبس

ძილი

ينام

გაღვიძება

يستيقظ

დათვალიერება

ينظر إلى ..

ტირილი

يبكي

გაუთოება

يمسّد

დავარცხნა

يمشّط

ლაპარაკი

يتكلم

გაგება

يفهم

შეკითხვა

يسأل

მოსმენა

يسمع

დალევა

يشرب

ჭამა

يأكل

დალაგება

يرتب

ყვარება

يحب

კერძების მზადება

يطبخ

სვლა

يقود

ფრენა

يطير

აფრის ქვეშ სიარული

يبحر بزورق شراعي

გამოთვლა

يحسب

წაკითხვა

يقرأ

შესწავლა

يتعلم

მუშაობა

يعمل

ქორწინება

يتزوج

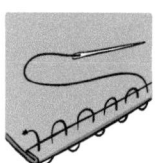

კერვა

يخيط

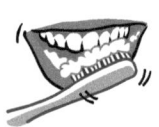

კბილების ხეხვა

ينظف أسنانه

მოკვლა

يقتل

მოწევა

يدخن

გაგზავნა

يرسل

ბებია
جدّة
ბაბუა
جدّ
მამა
أب
დედა
أم
ბავშვი
الطفل
ქალიშვილი
ابنة
ვაჟიშვილი
ابن

სტუმარი

ضيف

დეიდა

عمّة / خالة

ბიძა

عمّ / خال

ძმა

أخ

და

أخت

სხეული

الجسم

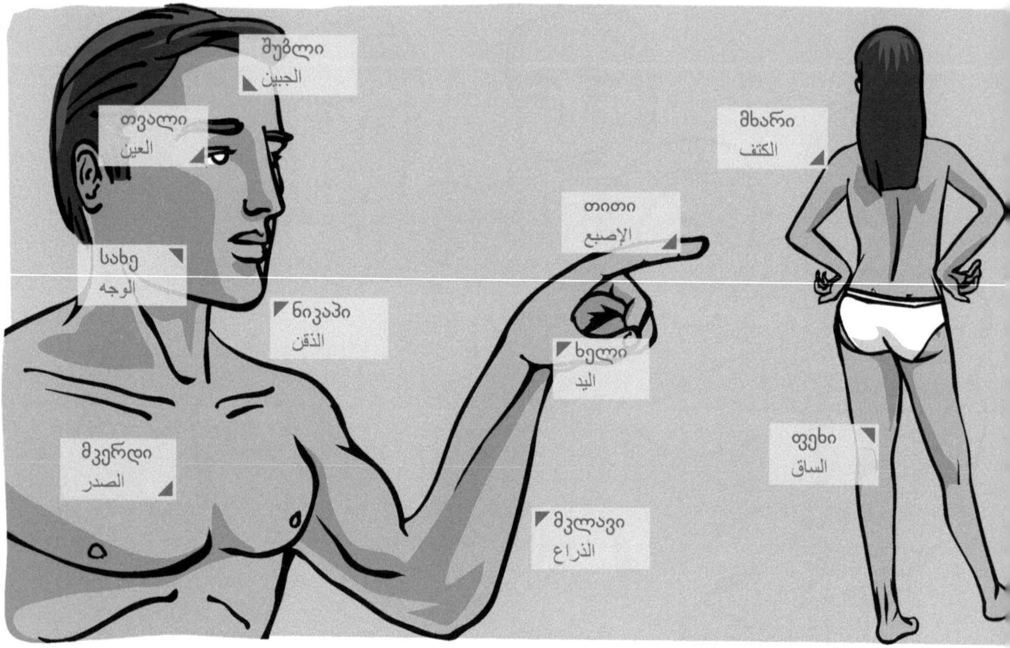

შუბლი
الجبين
თვალი
العين
მხარი
الكتف
თითი
الإصبع
სახე
الوجه
ნიკაპი
الذقن
ხელი
اليد
ფეხი
الساق
მკერდი
الصدر
მკლავი
الذراع

ბავშვი

الطفل

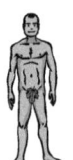

კაცი

الرجل

ქალი

المرأة

გოგო

البنت

ბიჭი

الولد

თავი

الرأس

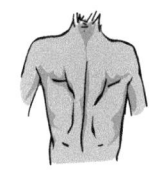

ზურგი

الظهر

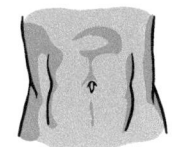

მუცელი

البطن

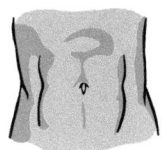

ჭიპი

السرّة

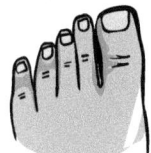

ფეხის თითი

إصبع القدم

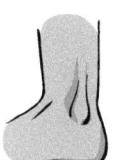

ქუსლი

الكعب

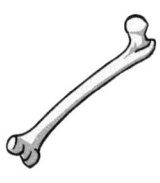

ძვალი

العظم

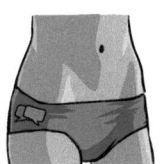

ბარძაყი

الورك

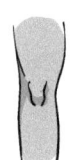

მუხლი

الركبة

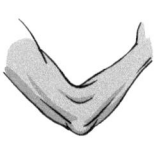

იდაყვი

المرفق

ცხვირი

الأنف

დუნდულა

العَجُز

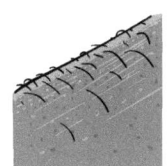

კანი

البشرة

ლოყა

الخد

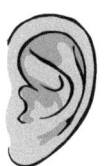

ყური

الأذن

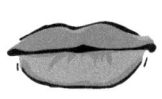

ტუჩი

الشفة

პირი

الفم

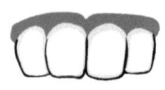

კბილი

السن

ენა

اللسان

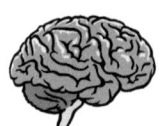

ტვინი

الدماغ

გული

القلب

კუნთი

العضلة

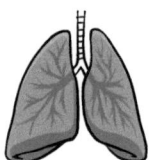

ფილტვი

الرئة

ღვიძლი

الكبد

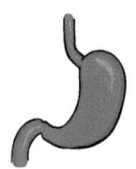

კუჭი

المعدة

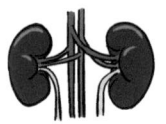

თირკმელები

الكِلى

სექსი

الاتصال الجنسي

პრეზერვატივი

الواقي المطاطي

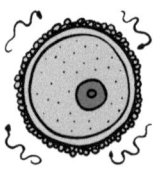

კვერცხუჯრედი

البويضة

სპერმა

المنيّ

ორსულობა

الحمل

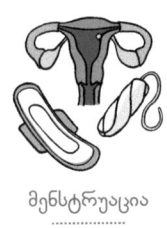

მენსტრუაცია
....
الحيض

საშო
....
المهبل

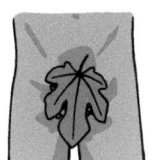

პენისი
....
القضيب

წარბი
....
الحاجب

თმა
....
الشعر

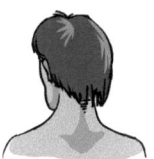

კისერი
....
الرقبة

საავადმყოფო
المستشفى

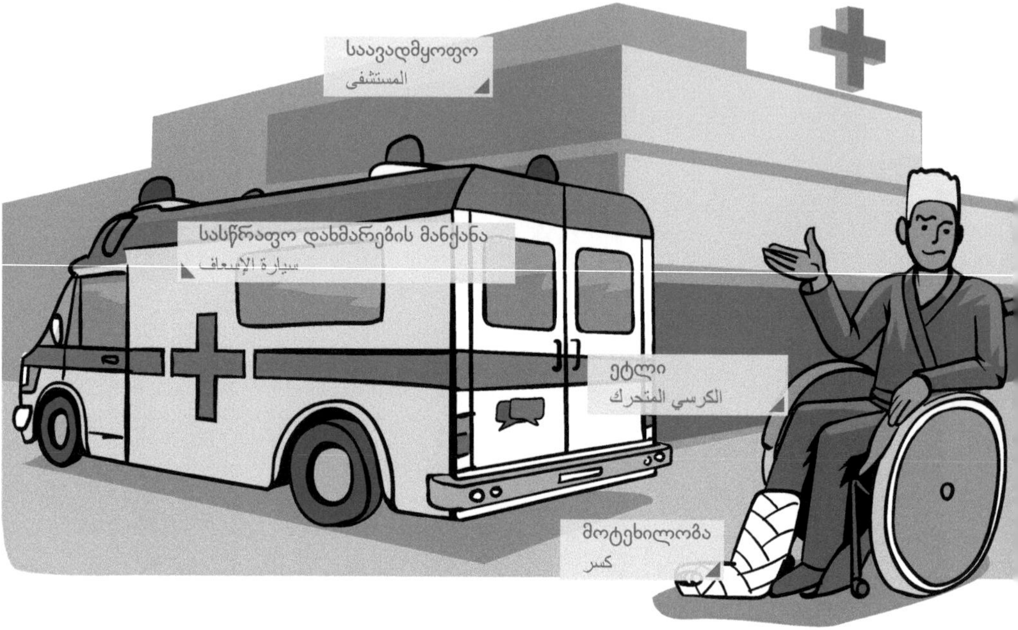

საავადმყოფო
المستشفى
სასწრაფო დახმარების მანქანა
سيارة الإسعاف
ეტლი
الكرسي المتحرك
მოტეხილობა
كسر

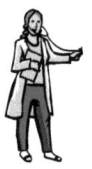

ექიმი
الطبيب

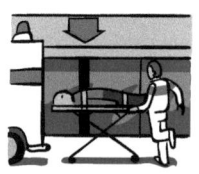

პირველი დახმარების ოთახი
غرفة الإسعاف

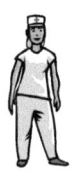

მედდა
الممرضة

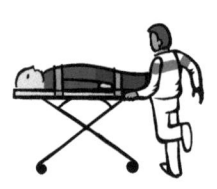

გადაუდებელი შემთხვევა
حالة

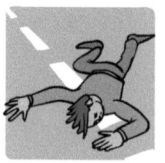

უგონოდ მყოფი
مغمى عليه

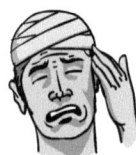

ტკივილი
الألم

დაზიანება

إصابة

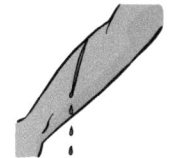

სისხლდენა

النزيف

გულის შეტევა

احتشاء القلب

ინსულტი

جلطة

ალერგია

حساسية

ხველა

السعال

ცხელება

الحُمّى

გრიპი

إنفلونزا

დიარეა

الإسهال

თავის ტკივილი

وجع الرأس

კიბო

السرطان

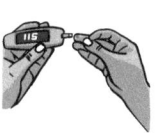

დიაბეტი

مرض السكر

ქირურგი

جرّاح

სკალპელი

مبضع

ოპერაცია

عملية

კტ

سيتي سكان

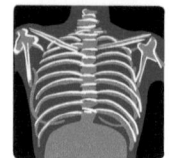

რენტგენი

الأشعة السينية

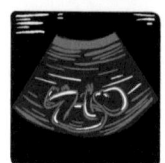

ულტრაბგერა

فوق الصوتي

ნილაბი

القناع

დაავადება

المرض

მოსაცდელი ოთახი

غرفة الانتظار

ყავარჯენი

العُكاز

თაბაშირი

شريط لاصق

ბინტი

ضماد

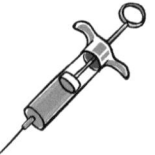

ინექცია

حقنة

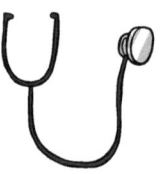

სტეტოსკოპი

سمّاعة الطبيب

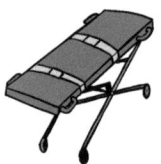

საკაცე

نقالة

თერმომეტრი

ميزان حرارة

დაბადება

ولادة

ჭარბი წონა

وزن زائد

სმენის აპარატი

جهاز السمع

სადეზინფექციო საშუალება

المواد المعقمة

ინფექცია

عدوى

ვირუსი

فيروس

აივ / შიდსი

الإيدز

წამალი

الطب

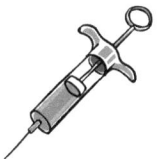

ვაქცინაცია

اللقاح

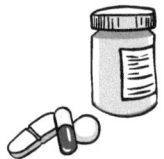

ტაბლეტები

أقراص الدواء

აბი

حبّة الدواء

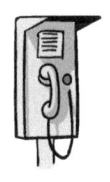

დაუდებელი გამოძახება

نداء النجدة

წნევის საზომი აპარატი

مقياس ضغط الدم

ავადმყოფი / ჯანმრთელი

مريض / صحيح

გადაუდებელი შემთხვევა
حالة

დამეხმარეთ!

النجدة!

განგაში

إنذار

თავდასხმა

اعتداء

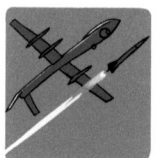

შეტევა

هجوم

საფრთხე

خطر

სათადარიგო გასასვლელი

مخرج طوارئ

ხანძარი!

حريق!

ცეცხლსაქრობი

جهاز الإطفاء

უბედური შემთხვევა

حادث

პირველადი დახმარების აფთიაქი

حقيبة الإسعاف الأولي

SOS

أنقذونا

პოლიცია

الشرطة

ევროპა

أوروبا

ჩრდილოეთ ამერიკა

أمريكا الشمالية

სამხრეთ ამერიკა

أمريكا الجنوبية

აფრიკა

أفريقيا

აზია

آسيا

ავსტრალია

أستراليا

ატლანტიკა

المحيط الأطلسي

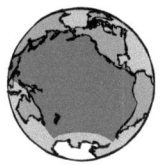

წყნარი ოკეანე

المحيط الهادي

ინდოეთის ოკეანე

المحيط الهندي

ანტარქტიკის ოკეანე

المحيط المتجمد الجنوبي

ჩრდილოეთის ყინულოვანი ოკეანე

المحيط المتجمد الشمالي

ჩრდილოეთ პოლუსი

القطب الشمالي

სამხრეთ პოლუსი

القطب الجنوبي

ანტარქტიდა

منطقة القطب الجنوبي

დედამიწა

أرض

ხმელეთი

بر

ზღვა

بحر

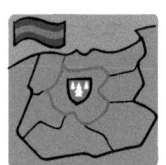

კუნძული

جزيرة

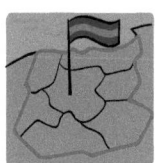

ერი

أمة

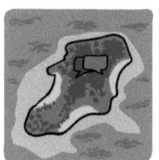

სახელმწიფო

دولة

78 დედამიწა - أرض

საათი

ساعة

ციფერბლატი

ميناء الساعة

საათების ისარი

عقرب الساعات

წუთების ისარი

عقرب الدقائق

წამების ისარი

عقرب الثواني

რომელი საათია?

كم الساعة الآن؟

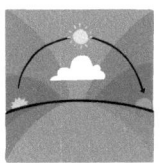

დღე

يوم

დრო

زمن

ახლა

الآن

ციფრული საათი

ساعة رقمية

წუთი

دقيقة

საათი

ساعة

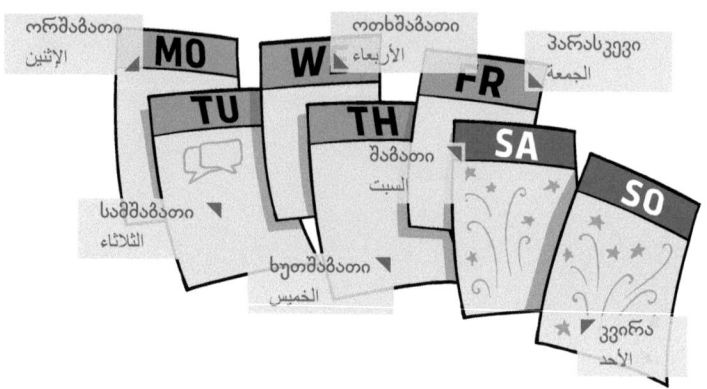

ორშაბათი
الإثنين

MO

W

ოთხშაბათი
الأربعاء

FR

პარასკევი
الجمعة

TU

SA

TH

სამშაბათი
الثلاثاء

შაბათი
السبت

SO

ხუთშაბათი
الخميس

კვირა
الأحد

გუშინ
....
الأمس

დღეს
....
اليوم

ხვალ
....
غداً

დილა
....
الصباح

შუადღე
....
الظهر

საღამო
....
المساء

MO	TU	WE	TH	FR	SA	SU
1	2	3	4	5	6	7
8	9	10	11	12	13	14
15	16	17	18	19	20	21
22	23	24	25	26	27	28
29	30	31	1	2	3	4

სამუშაო დღეები
....
أيام العمل

MO	TU	WE	TH	FR	SA	SU
1	2	3	4	5	6	7
8	9	10	11	12	13	14
15	16	17	18	19	20	21
22	23	24	25	26	27	28
29	30	31	1	2	3	4

შაბათი-კვირა
....
نهاية الأسبوع

წელი
سنة

ცისარტყელა
قوس قزح
წვიმა
مطر
თოვლი
ثلج
ქარი
ريح
გაზაფხული
الربيع
შემოდგომა
الخريف
ზაფხული
الصيف
ზამთარი
الشتاء

4.APRIL 11°
5.APRIL 4°
6.APRIL 13°
7.APRIL 8°
8.APRIL 10°

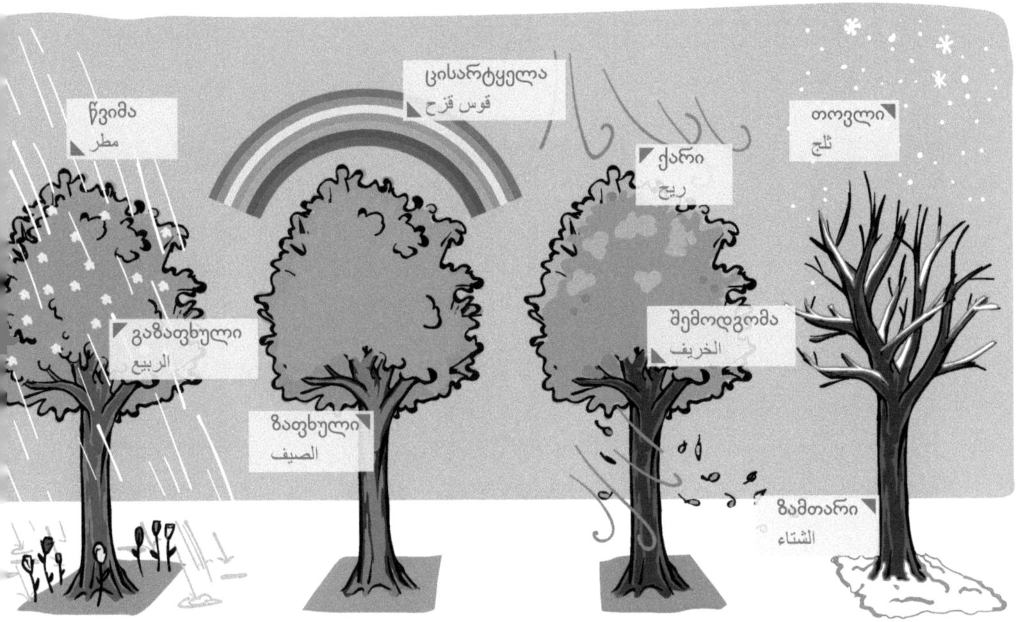

ამინდის პროგნოზი
....
التنبؤ بالحالة الجوية

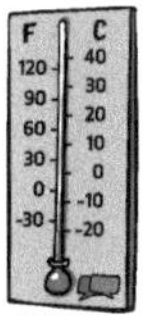

თერმომეტრი
....
مقياس حرارة

მზის სხივი
....
ضوء الشمس

ღრუბელი
....
سحابة

ნისლი
....
ضباب

ტენიანობა
....
رطوبة الجو

ელვა

برق

ქუხილი

رعد

შტორმი

عاصفة

სეტყვა

بَرَد

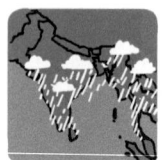

მუსონი

ريح موسمية

წყალდიდობა

طوفان

ყინული

جليد

იანვარი

كانون الثاني / يناير

თებერვალი

شباط / فبراير

მარტი

آذار / مارس

აპრილი

نيسان / أبريل

მაისი

أيار / مايو

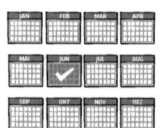

ივნისი

حزيران / يونيو

ივლისი

تموز / يوليو

აგვისტო

آب / أغسطس

სექტემბერი

أيلول / سبتمبر

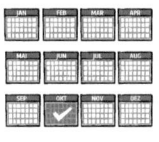

ოქტომბერი

تشرين الأول / أكتوبر

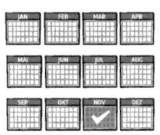

ნოემბერი

تشرين الثاني / نوفمبر

დეკემბერი

كانون الأول / ديسمبر

ფორმები

أشكال

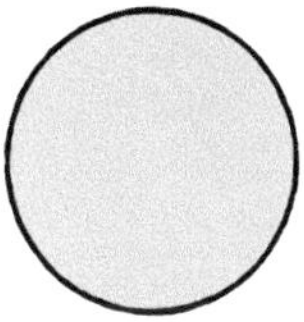

წრე

دائرة

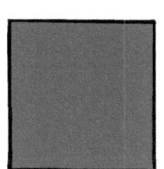

კვადრატი

مربّع

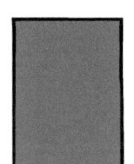

მართკუთხედი

مستطيل

სამკუთხედი

مثلّث

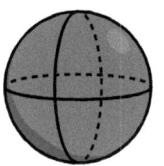

სფერო

كرة

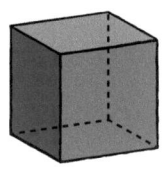

კუბი

مكعب

ფერები
ألوان

თეთრი

أبيض

ყვითელი

أصفر

ნარინჯისფერი

برتقالي

ვარდისფერი

وردي

წითელი

أحمر

იისფერი

بنفسجي

ცისფერი

أزرق

მწვანე

أخضر

ყავისფერი

بنّي

ნაცრისფერი

رمادي

შავი

أسود

საპირისპიროები
الأضداد

გევრი / ცოტა

كثير / قليل

გაბრაზებული / მშვიდი

غضبان / هادئ

ლამაზი / მახინჯი

جميل / قبيح

დასაწყისი / დასასრული

بداية / نهاية

დიდი / პატარა

كبير / صغير

ნათელი / მუქი

فاتح / قاتم

ძმა / და

أخ / أخت

სუფთა / ჭუჭყიანი

نظيف / وسخ

სრული / არასრული

كامل / ناقص

დღე / ღამე

نهار / ليل

მკვდარი / ცოცხალი

ميت / حيّ

განიერი / ვიწრო

عريض / ضيّق

საჭმელად ვარგისი / საჭმელად უვარგისი

صالح للأكل / غير صالح

ბოროტი / კეთილი

شرّير / لطيف

შთამბეჭდავი / მოსაწყენი

مثير / ممل

სქელი / თხელი

سمين / نحيف

პირველი / ბოლო

أولاً / أخيراً

მეგობარი / მტერი

صديق / عدو

სრული / ცარიელი

مليء / فارغ

მყარი / რბილი

صلب / ليّن

მძიმე / მსუბუქი

ثقيل / خفيف

მოშიებული / მწყურვალე

جوع / عطش

ავადმყოფი / ჯანმრთელი

مريض / صحيح

არალეგალური / ლეგალური

غير شرعي / شرعي

ინტელექტუალი / სულელი

ذكي / غبي

მარცხენა / მარჯვენა

يسار / يمين

ახლოს / შორს

قريب / بعيد

ახალი / გამოყენებული

جديد / مستعمل

არაფერი / რაღაცა

لا شيء / بعض الشيء

მოხუცი / ახალგაზრდა

مسِن / شاب

ჩართვა / გამორთვა

يشعل / يطفئ

ღია / დახურული

مفتوح / مغلق

ჩუმი / ხმამაღალი

خافت / عالٍ

მდიდარი / ღარიბი

غني / فقير

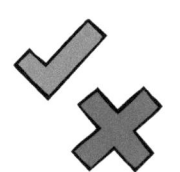

მართალი / მტყუანი

صح / خطأ

უხეში / გლუვი

أحرش / املس

სევდიანი / ბედნიერი

حزين / سعيد

მოკლე / გრძელი

قصير / طويل

ნელი / სწრაფი

بطيء / سريع

სველი / მშრალი

مبلول / جاف

თბილი / გრილი

ساخن / بارد

ომი / მშვიდობა

حرب / سلم

რიცხვები
أرقام

0	1	2
ნული	ერთი	ორი
صفر	واحد	اثنان
3	4	5
სამი	ოთხი	ხუთი
ثلاثة	أربعة	خمسة
6	7	8
ექვსი	შვიდი	რვა
ستة	سبعة	ثمانية
9	10	11
ცხრა	ათი	თერთმეტი
تسعة	عشرة	أحد عشر

12
თორმეტი
....
اثنا عشر

13
ცამეტი
....
ثلاثة عشر

14
თოთხმეტი
....
أربعة عشر

15
თხუთმეტი
....
خمسة عشر

16
თექვსმეტი
....
ستة عشر

17
ჩვიდმეტი
....
سبعة عشر

18
თვრამეტი
....
ثمانية عشر

19
ცხრამეტი
....
تسعة عشر

20
ოცი
....
عشرون

100
ასი
....
مائة

1.000
ათასი
....
ألف

1.000.000
მილიონი
....
مليون

ენები
اللغات

ინგლისური

الإنكليزية

ამერიკული ინგლისური

الإنكليزية الأمريكية

ჩინური მანდარინი

لغة ماندارين الصينية

ჰინდი

الهندية

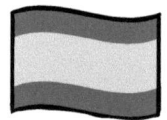

ესპანური

الإسبانية

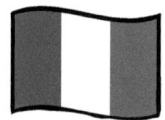

ფრანგული

الفرنسية

არაბული

العربية

რუსული

الروسية

პორტუგალიური

البرتغالية

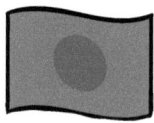

ბენგალური

البنغالية

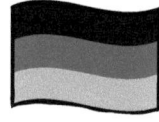

გერმანული

الألمانية

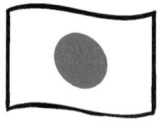

იაპონური

اليابانية

ვინ / რა / როგორ

من / ماذا / كيف

მე
أنا

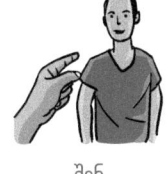

შენ
أنت

ის / ის / იგი
هو / هي

ჩვენ
نحن

თქვენ
أنتم

ისინი
هم

ვინ?
من؟

რა?
ماذا؟

როგორ?
كيف؟

სად?
أين؟

როდის?
متى؟

სახელი
اسم

სად
أين

უკან

خلف

შიგნით

في

წინ

أمام

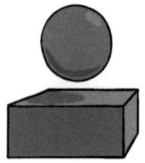

ზედ

فوق

=-ზე

على

ქვეშ

تحت

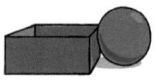

გვერდით

جنب

შორის

بين

ადგილი

مكان